VENTE

Du Mardi 10 Juin 1913

HOTEL DROUOT, SALLE N° 6

A TROIS HEURES

TABLEAUX ANCIENS

Appartenant à Monsieur X...

COMMISSAIRE-PRISEUR

Mᵉ F. LAIR-DUBREUIL

EXPERT

M. Georges SORTAIS, Peintre

CATALOGUE

DES

Tableaux Anciens

DES ÉCOLES

ALLEMANDE, ANGLAISE, ESPAGNOLE
FLAMANDE, FRANÇAISE, HOLLANDAISE, ITALIENNE
ET RUSSE

Appartenant à Monsieur X...

ET DONT LA VENTE AUX ENCHÈRES PUBLIQUES AURA LIEU

HOTEL DROUOT, SALLE N° 6

LE MARDI 10 JUIN 1913

à trois heures

Mᵉ F. LAIR-DUBREUIL	M. Georges SORTAIS, Peintre
COMMISSAIRE-PRISEUR	Expert près le Tribunal civil de la Seine
6, rue Favart	11, rue Scribe

EXPOSITION PUBLIQUE

Le Lundi 9 Juin 1913, de 1 heure et demie à 6 heures

CONDITIONS DE LA VENTE

Elle sera faite au comptant.

Les adjudicataires paieront *dix pour cent* en sus des enchères.

Paris. — Imp. de l'Art, CH. BERGER, 41, rue de la Victoire.

DÉSIGNATION

BOTH (Attribué à J.)

1 — *Entrée d'un ancien château près d'un bois.*
    Toile.

BOUCHER (D'après F.)
(COPIES DU TEMPS)

2 — *Diane sortant du bain.*

— *Nymphes et Amour.*
    Toiles.
    Deux dessus de portes.
    Baguettes Louis XVI, bois sculpté et doré.

BOUT ET BOUDEWYNS (Attribué à)

3 — *La Charrette renversée.*
    Sur le bord d'une rivière, des paysans attendent le bac pour passer ; au premier plan, un chariot renversé.
    Cuivre.

DREUX (A. DE)

4 — *Portrait d'un Piqueur.*

> En buste de trois quarts à gauche, vêtu d'une tuni-
> que noire à gilet rouge.
> Toile.
> Signé au milieu à gauche.

DROLLING (École de MARTIN)

5 — *Portrait de Femme.*

> En buste vers la droite, le cou encadré d'une colle-
> rette de tulle, vêtue d'un corsage de soie orange à ru-
> bans de velours noir.
> Toile.

DYCK (École d'A. VAN)

6 — *Portrait d'un Guerrier.*

> Vu à mi-corps vers la droite, vêtu d'une cuirasse.
> Toile.

ÉCOLE ALLEMANDE
(Commencement du XVIᵉ siécle)

7 — *Ecce homo.*

— *Transfiguration.*

> Deux volets de triptyque.

ÉCOLE ALLEMANDE (xviiie siècle)

8 — *Portrait d'un grand Dignitaire.*

Vu jusqu'aux genoux, vêtu d'un habit de velours blanc à broderie d'or, la main droite dans le geste de l'indication.

Toile.

ÉCOLE ANGLAISE (xixe siècle)

9 — *Le Petit Écolier.*

Il s'avance au milieu d'un paysage, tenant dans les mains un navet rave.

Toile.

ÉCOLE ESPAGNOLE (xviie siècle)

10 — *Portrait d'un Maréchal.*

A mi-jambes, vêtu d'un habit brodé d'or, recouvert d'une cuirasse ; à gauche, sur une table, un casque empanaché.

Cadre Louis XIII en bois sculpté et doré.

ÉCOLE FLAMANDE (xviiie siècle)

11 — *Fleurs, pêches et raisins au milieu d'un portique de pierre.*

Toile.

ÉCOLE FLAMANDE

12 — *Fête dans un intérieur.*

> Des villageois et leurs compagnes sont attablés, buvant, chantant et fumant, pendant qu'un couple danse au son de la musique.
> Toile.
> Cadre Louis XIV en bois sculpté et doré.

ÉCOLE FRANÇAISE (XVIIe siècle)

13 — *Portrait présumé d'Anne-Marie de Bourbon.*

> En buste de trois quarts à gauche, vêtue d'un corsage de soie rose décolleté brodé de brocart.
> Toile ovale.
> Cadre Louis XIII en bois sculpté et doré.

ÉCOLE FRANÇAISE (XVIIe siècle)

14 — *L'Enfant au Lys.*

> Toile ovale.
> Cadre Louis XIII en bois sculpté et doré.

ÉCOLE FRANÇAISE (XVIIe siècle)

15 — *L'Entrée d'un Port.*

> Toile.

ÉCOLE FRANÇAISE (XVIIe siècle)

16 — *Portrait d'un Maréchal de camp.*

> Vu en pied, il tient dans la main droite sa canne ; à gauche, un casque de chevalerie posé sur un entablement de pierre.
> Toile.
> Pendant du suivant.

ÉCOLE FRANÇAISE (xviie siècle)

17 — *Portrait de Femme.*

> Vue en pied, vêtue d'une robe de velours noir à jupe à transparent de dentelle blanche.
> Toile.
> Pendant du précédent.

ÉCOLE FRANÇAISE (xviie siècle)

18 — *Portrait de Femme.*

> Vue à mi-corps, elle tient un chien dans la main gauche.
> Toile ovale.

ÉCOLE FRANÇAISE (xviie siècle)

19 — *Cérès.*
> Toile.

ÉCOLE FRANÇAISE (xviie siècle)

20 — *Moïse sauvé des eaux. — Le Jugement de Salomon.*

> Toiles.
> Deux pendants.

ÉCOLE FRANÇAISE (Commencement du xviiie siècle)

21 — *Jeune Femme assise, cachetant un pli qu'elle vient d'écrire.*

> Cadre Louis XIV en bois sculpté et doré.

ÉCOLE FRANÇAISE (xviiie siècle)

22 — *Arabesques, figures et ornements.*

Toile décorative.

ÉCOLE FRANÇAISE (xviiie siècle)

23 — *Portrait d'une Abbesse royale.*

Toile.

ÉCOLE FRANÇAISE (xviiie siècle)

24 — *Chute d'eau dans un paysage.*

Toile décorative.

ÉCOLE FRANÇAISE (xviiie siècle)

25 — *Portrait d'une Jeune Princesse royale.*

Vue à mi-corps, vêtue d'une robe de brocart d'or et d'argent, recouverte du manteau royal, elle fait une couronne de fleurs.
Toile ovale.

ÉCOLE FRANÇAISE (xviiie siècle)

26 — *Portrait présumé de Madame de Prie.*

Peinture en grisaille, manière de trompe-l'œil.
Bois.

ÉCOLE FRANÇAISE (Fin du xviiie siècle)

27 — *Portrait d'un Jeune Homme.*

> En buste de trois quarts à gauche, coiffé d'une perruque frisée à cadogan, vêtu d'un habit de drap marron à revers de soie à rayures rouges et jaunes.
> Toile.

ÉCOLE FRANÇAISE (Commencement du xixe siècle)

28 — *Fleurs et fruits.*

> Roses, tulipes, iris, œillets, etc., dans un vase de cristal; à droite, des grenades et raisins.
> Toile.

ÉCOLE FRANÇAISE (Commencement du xixe siècle)

29 — *Napoléon Ier, en costume des grenadiers de la Garde.*

> Toile.

ÉCOLE FRANÇAISE

30 — *Le Maréchal de Turenne.*

> A mi-corps, il tient son bâton de maréchal dans la main droite.
> Toile.

ÉCOLE HOLLANDAISE (xviie siècle)

31 — *Nature morte.*

> Fruits, perroquet et chien dans un paysage.
> Toile.

ÉCOLE HOLLANDAISE

32 — *Portrait d'un Armateur.*
>   Toile.

ÉCOLE HOLLANDAISE

33 — *Portrait de la Femme d'un Bourgmestre.*
>   A mi-corps, assise dans une chaise, coiffée d'un bé-
>   guin de linge blanc, vêtue de noir.
>   Bois.

ÉCOLE ITALIENNE (Fin du xvie siècle)

34 — *La Vierge à l'Agneau.*
>   Bois.

ÉCOLE ITALIENNE (xviie siècle)

35 — *La Vierge, l'Enfant Jésus et Saint François
d'Assise.*
>   Toile.

ÉCOLE ITALIENNE (xviie siècle)

36 — *Mater dolorosa.*
>   Toile.

ÉCOLE ITALIENNE (xviiie siècle)

37 — *La Gloire entraînant la Guerre.*
>   Toile de forme ronde.

ÉCOLE RUSSE (Commencement du XIXe siècle)

38 — *Portrait d'Alexandre Ier.*

En pied, vêtu du costume de maréchal, recouvert du manteau impérial d'hermine.

Toile.

FILIUS (J.)

39 — *Portrait d'un riche Hollandais et de sa femme.*

Debout en pied, il tient sa femme par la main, laquelle est assise près de lui.

Toile.

Signée et datée en bas à droite : *Filius Jean 1676.*

FYT (Attribué à J.)

40 — *Gibier mort gardé par deux chiens.*

Toile.

GIMIGNANI (Attribué à L.)

41 — *Le Serment.*

Composition de nombreux personnages.

Toile décorative.

GREBBER (Attribué à F. de)

42 — *La Vente des vases sacrés.*

Un diacre remet à des marchands des pièces d'orfèvrerie qu'ils viennent d'acquérir.

Toile.

HUDSON (Attribué à T.)

43 — *Portrait présumé de Sir William Bellingham.*

Vu à mi-jambe de face vers la gauche, assis dans un fauteuil.

Toile.

LAGRENÉE (Attribué à F.)

44 — *L'Architecture.*

Panneau décoratif.
Toile.

LALLEMAND (Attribué à J.-B.)

45 — *Un Armateur à l'entrée d'un port d'Orient.*

Toile.

LARGILLIERRE (École de N. DE)

46 — *Portrait de Femme.*

Vue en buste, vêtue d'un corsage de velours bleu brodé de brocart d'or, recouvert d'un manteau de velours rouge.

Toile.

LENAIN (École des Frères)

47 — *Portrait d'une Dame de qualité.*

Toile ovale.
A été agrandie.
Cadre en bois sculpté.

LOO (Attribué à J.-B. Van)

48 — *Portrait d'un Prince polonais.*

Vu à mi-corps, coiffé d'un bonnet de velours garni de fourrure, vêtu d'une tunique verte à brandebourgs d'or, recouverte d'un manteau de velours rouge bordé de fourrure.
Toile.

MICHAU (Attribué à T.)

49 — *Le Passage du gué.*

Près d'un village, des paysans conduisant leurs troupeaux traversent la rivière.
Bois.

MIGNARD (Attribué à P.)

50 — *Portrait d'une Maîtresse du Roi.*

Vue à mi-corps, assise dans un fauteuil, vêtue d'une robe de soie bleu décolletée, garnie de dentelles et de joyaux.
Toile.

MIGNARD (Attribué à P.)

51 — *Portrait d'une Dame de qualité.*

Vue à mi-corps sur la gauche, un voile de soie noire dans la chevelure, vêtue d'une robe de satin jaune recouverte d'une draperie de velours rouge.
Toile.

MONNOYER (École de J.-B.)

52 — *Gerbe de fleurs dans un vase d'orfèvrerie.*
Toile.

NONNOTTE (Attribué à D.)

53 — *Portrait d'un Homme de qualité.*

A mi-corps, assis dans un fauteuil, coiffé d'une perruque poudrée à frimas, vêtu d'un habit de drap gris à gilet de soie entr'ouvert, il tient dans la main droite un livre.

Toile.

PALAMÈDES (École de)

54 — *Intérieur de Corps de garde.*

Bois.

PANNINI (Attribué à G.)

55 — *Personnages au milieu d'un monument en ruines au bord d'un lac.*

Toile.

PIAZETTA (Attribué à J.-B.)

56 — *Le Marchand de volailles.*

A mi-corps, coiffé d'un bonnet de fourrure, il tient sur les bras une poule.

Toile.

RAOUX (Attribué à J.)

57 — *Euterpe. — Thalie. — Terpsichore. — Clio.*

Toiles.

Quatre dessus de portes.

RODES (V.)

58 — *Portrait présumé de la Marquise Anne de Gouvion.*

Assise, vêtue d'une robe de soie gris perle, accoudée à un guéridon, une servante lui apporte des fleurs.
Toile.
Signé en bas à gauche : *V. Rodes.*

ROEHN (G.)

59 — *La Foire du village.*

Composition ornée de nombreux personnages.

RUBENS (École de P.-P.)

60 — *Portrait d'une Infante.*

Vue en pied de trois quarts à gauche, vêtue d'une robe de satin blanc garnie de dentelle, la main gauche sur la hanche, la droite tenant un éventail.
Toile.

SANTERRE (Attribué à J.-B.)

61 — *La Femme au masque.*

Coiffée d'une toque à plumes bleues, vêtue d'une robe de soie noire brodée d'or, elle tient un masque dans la main gauche.
Toile ovale.

SANTERRE (École de J.-B.)

62 — *La Jeune Fille au masque.*

A mi-corps presque de face, vêtue d'un corsage de velours rouge décolleté, elle tient dans la main gauche un masque.
Toile.

STAVEREN (Attribué à A. Van)

63 — *Philosophe en méditation.*

— *Moine en extase.*

Bois.
Deux pendants.

STRY (Attribué à J. Van)

64 — *L'Heure du repos.*

Dans un paysage montagneux, des bergers se reposent au milieu de leurs troupeaux.
Toile.

SWAGERS (Attribué à C.)

65 — *Femme turque.*

Vue en buste à gauche, coiffée d'un turban de soie bleue à broderie d'or, elle est accoudée sur un coussin de velours rouge.
Toile.

VERNET (Attribué à J.)

66 — *Personnages au milieu de rochers au bord d'un lac.*

Toile.

WIDMANN

67 — *Ruines d'un château fort dans un paysage.*
Sépia.
Signé et daté en bas à droite : *Widmann, 1799.*

68 — Tableaux omis.